隅田の夜明け

Sumida no Yoake

Morgengry ved Sumida

- en haikusamling

隅田の夜明け

Sumida no Yoake

Morgengry ved Sumida

Bjarke Drejer

© 2024 Bjarke Drejer

Forlag:

BoD - Books on Demand,

Hellerup, Danmark

Tryk:

BoD - Books on Demand,

Norderstedt, Tyskland

ISBN 978-87-4305-840-3

Til Louise,

Tak for tålmodighed, tak for korrektur og tak for at du altid skubber blidt til mig, når der er brug for det. Jeg elsker dig.

Til Farfar,

Tak for at give mig lyst til at digte, uden dig var denne bog aldrig blevet skrevet.

Kære læser, tak fordi du har åbnet denne lille digtsamling.

I denne bog kan du læse originale haikudigte, både på japansk og dansk, skrevet af undertegnede.

Hvis du vil springe den forklarende tekst over, så hop direkte til side 20, der starter digtene.

God fornøjelse.

Bjarke Drejer

Om Haiku

Det japanske haiku digt kender de fleste, 5-7-5 lyder den gængse huskeregel. Fem stavelser, så syv stavelser og så fem stavelser til sidst. Der er en del flere uskrevne regler, men det er i sin essens det, som et haiku er.

Historien om haiku begynder i en periode af japansk historie kendt som Edo-perioden, efter det daværende navn for Tokyo. Japan var styret af ledende Samurai-familier under Tokugawa-familiens overherskab. Japan havde forinden været igennem en periode på over 200 år med ufred, instabilitet og konstant krigsførelse. Hærføreren Tokugawa Ieyasu fik held til at underlægge sig hele landet i år 1600, og Edo-perioden begyndte. Edo-perioden varede fra 1600 til 1868 og var, bortset fra periodens sidste årtier, en tid med velstand og fred. Det betød at der var plads, tid og ikke mindst penge, til en

kulturel opblomstring. Blomsterbinding, te-
ceremoni, maleri og ikke mindst digtning blev
populærkultur. Det var i Edo-perioden at haiku
digtene fik deres velkendte form.

Matsuo Bashō er navnet på den mest kendte
haiku digter nogensinde. Matsuo Bashō er da
også anset som ophavsmanden for haiku, selvom
det er svært at vide sig helt sikker, da han levede
for små 400 år siden. Født ind i en relativt
velstående familie fik Bashō som barn en god
uddannelse. Bashō blev digter og fik sit første
gennembrud for hans talent med *Haikai no
Renga* digte. Haikai no Renga er et digt som to
digtere digter sammen. Den ene digter starter
med 5-7-5 linjer ligesom et haiku og den anden
digter svarer med 7-7, to linjer med 7 stavelser
hver. Den svarende digter forsøger ofte at svare
overraskende, gerne humoristisk, på den første
digters ord. Haikai no Renga digte er en to-

mands version af det klassiske Tanka digt. Tanka består af fem enheder 5-7-5-7-7. De første tre, 5-7-5 kaldes *kami-no-ku* (上の句, "øvre sætning"), og 7-7 kaldes *shimo-no-ku* (下の句, "nedre sætning"). Bashō forfinede over tid den "øvre sætning" fra Haikai no Renga og Tanka, til sin egen selvstændige digtform.

Haiku er som nævnt en japansk opfindelse, og hvis man har beskæftiget sig med det japanske sprog, ved man at det er opbygget ganske anderledes end dansk og de andre sprog i den indoeuropæiske sprogstamme. Fonetisk, grammatisk og semantisk er japansk svært sammenligneligt med dansk. Japansk har heller ikke stavelser som vi forstår dem, men arbejder med *on* som direkte oversat betyder lyd/lyde. For japansk har heller ikke flertal som vi forstår det. Det er disse *on* som en haikudigter tilpasser 5-7-5 mønstret på japansk. For eksempel er lyden "ん," som er en mellemting mellem N og M, og som vi på dansk nok ville kalde en enkelt konsonant, på japansk regnet som en selvstændig lyd, én *on*, og tæller derfor som regel med i antallet af lyde i et haikudigt. Dermed ikke sagt at alle japanske haikudigtere følger den regel, der findes mange haiku som er på 5-6-7 eller 6-8-5 *on* eller lignende, også mange skrevet af mestre som Bashō i øvrigt. Mange af mine haikudigte bøjer også denne regel ganske betydeligt. Min personlige holdning er at et haikudigt skal følge rytmen, for haiku er oprindeligt en rytmisk digteform, tiltænkt oplæsning. Især sammenhængende vokallyde såsom かい "*Kai*" vælger jeg enten at læse opdelt "Ka-I" (hvilket er det mest korrekte) eller sammenhængende "Kai" alt efter hvad rytmen dikterer. En haiku-puritaner vil helt klart synes at det er en fræk frihed at tage sig.

Der er andre mere eller mindre løse regler for haiku, blandt andet er det almindeligt at et haiku skal fremkalde en specifik tid på året for læserens indre blik. Man bruger ofte *kigo,* på dansk "årstids-ord," til dette. Det er ikke en fast regel og mange haiku digtere skriver om andet end naturen. Ikke desto mindre er naturbeskrivelsen, som forhåbentlig giver læseren et umiddelbart og genkendeligt billede, en vigtig del af oplevelsen af de fleste haikudigte. Derfor skriver jeg også naturen ind i langt de fleste af mine haiku, og digtsamlingen er også opdelt efter årstiderne. Nogle af digtene har ingen tydelige årstidsmarkører, men alle digte er sat ind under den årstid de er skrevet på.

Japanske haiku har også tit en humoristisk vinkel, som udover de mange kulturspecifikke referencer, også tit følger af at japansk har mange homofoner. Eksempelvis kan ordet ”*Saru*” betyde både abe og at forlade. Jeg kan derfor skrive et digt som dette;

彼は去る /
顔をしかめる /
猿みたい
-
Kare wa saru /
kao wo shikameru /
saru mitai

Hvor en oversættelse kunne lyde:

Han forlader nu /
ansigt i en grimasse /
abelignende

Hvis man nu havde en person i tankerne, er det en ganske fin fornærmelse, som kan ramme ham på både hans gang og hans ansigt. På japansk udtales 彼は去る "han forlader" og 彼は猿 "han er en abe" ens (bortset fra en lille intonationsforskel) som; *"kare wa saru."* Så man vil også lige få kaldt ham en abe næsten direkte.

Der er ofte, men ikke altid, en intonationsforskel på japansk som det trænede øre kan fange. Derfor er velplacerede homofoner noget af det som gør mange japanske haikudigte svære at sætte pris på, uden et kendskab til det japanske sprog. Det er nok til dels også grunden til at mange i vesten tænker på haikudigte som en meget forfinet digtform, da de mere humoristiske er svære at oversætte. Selveste Bashō har også skrevet digte som ikke ligefrem udstråler delikat digter, såsom;

蚤虱 /

馬の尿する /

枕もと

-

Nomi Shirami /

Uma no Bari suru /

Makura moto

-

Lus og lopper her /

og en hest der pisser ved /

min hovedpude

På moderne japansk kalder man et humoristisk

haiku uden naturbeskrivelse for et *senryu* digt,

et kendt eksempel er:

お若いと /

言われて若く /

ないと知る

\-

Owakai to /

iwarete wakaku /

nai to shiru

\-

Du ser så ung ud /

siger de jeg ved derfor /

at jeg ikke er

Der afholdes stadig den dag i dag konkurrencer i
senryu digtning med pengepræmier, tit i aviser
og dagblade. haiku er altså ikke kun forfinede
zen-inspirerede naturbeskrivelser, men også
humoristiske hverdagsobservationer.

Oveni kulturelle referencer, sætningsstruktur og
finurlige, intrikate og humoristiske ordvalg, gør
de morfologiske forskelle det også svært at
oversætte et haiku. Ofte kan man sige mere med
færre lyde/stavelser på japansk end på dansk,

men det omvendte kan også være tilfældet. Man ser tit at oversættere, når de oversætter fra japansk til et indoeuropæisk sprog, for forståelsens skyld, gør digtene både længere og kortere ved at tilføje eller fjerne stavelser. Mange oversættere mener at man derved kommer tættere på digtets egentlige indhold og rammer dets essens. Det er naturligvis en smagssag, men det vælger jeg ikke at gøre. Rytme i et haikudigt er vigtig for både læsning og oplæsning af digtet. At mine oversættelser kan reciteres tæt på samme måde som man gør det i oprindelseslandet, ligger jeg vægt på.

Min måde at oversætte haiku på kan jeg skildre ved at tage udgangspunkt i et par af Matsuo Bashōs mest kendte digte. Det første, det mest berømte haiku af dem alle, er fra 1686 og har en nærmest officiel engelsk oversættelse:

古池や /

蛙飛びこむ /

水の音

-

furu ike ya /

kawazu tobikomu /

mizu no oto

-

an ancient pond /

a frog jumps in /

the splash of water

Som altså er på 4-4-4 stavelser. Et bud på en
dansk oversættelse baseret på den engelske
ovenfor kunne være:

En gammel dam /

en frø hopper i /

lyden af vand

Det bliver 4-5-4 stavelser og altså stadig noget kortere end originalen. For at beholde rytmen bare nogenlunde vil min oversættelse lyde:

En ældgammel dam /
en frø der hopper ned i /
lyden af vandet

Jeg vælger flere ting med den oversættelse. I første linje gør jeg dammen ældre, hvilket jeg ikke ved med sikkerhed om Bashō mente, men jeg forestiller mig at han tænkte på en dam med måske mange hundrede år på bagen. Derefter udpensler jeg frøens handling lidt, efter min mening tættere på det originale *tobikomu (tobi: hoppe komu: ind/ned i)*. Til sidst skriver jeg vand i bestemt ental. Det er ikke en perfekt oversættelse i forhold til det originale japanske. Rytmen er ikke helt så skarp på dansk som på japansk, især fordi dansk har så mange bløde og sammensatte konsonantlyde, ikke desto mindre kommer rytmen tættere på originalen. Efter min mening gør mine ændringer også oversættelsen en smule mere præcis, uden at fratage digtet sin kortfattede umiddelbarhed.

Ofte vil en oversættelse af et haiku ende med flere stavelser, når man oversætter til sprog som dansk og engelsk. Det kan illustreres ved et andet kendt digt af Bashō fra 1685, som også har en nærmest officiel engelsk oversættelse:

年暮ぬ /

笠きて草鞋 /

はきながら

-

toshi kurenu /

kasa kite waraji /

hakinagara

\-

another year is gone /

a traveler's shade on my head /

straw sandals at my feet

Det digt når op på 6-8-6, altså præcis én stavelse for meget i alle linjerne. En dansk version med udgangspunkt i den engelske kunne være:

Endnu et år er gået /

en rejsendes skygge på mit hoved /

stråsandaler ved mine fødder

Den verison når op på 7-10-9, og altså alt for mange stavelser. Oversættelsen synes jeg også tager for mange friheder i forhold til det originale japanske, derfor lyder min oversættelse noget anderledes:

Året er gået /

hat på og stråsandaler /

har jeg på imens

Jeg lykkes med en bedre oversættelse, som er
mere direkte og beholder 5-7-5 mønstret. Jeg
flytter ikke stråsandalerne ned på sidste linje og
bibeholder dermed verselinjerne som de
oprindeligt er tænkt. Jeg bruger bestemt ental i
første linje, og skriver hat fordi det for Bashō
næppe var vigtigt at pointere at det var en
rejsendes hat. Den hat, 笠, "*kasa*," som han
refererer til, er en bred bambushat og den var
meget almindelig på den tid til at beskytte mod
regn. Så Bashō har næppe tænkt "rejsendes hat"
og det skriver han heller ikke. Derfor kan jeg
beholde ordet stråsandaler i den linje, og kan
bibeholde det lidt pludselige linjeskift. なが
ら, "*nagara*," betyder imens, og fødder nævnes

ingen steder så det har jeg udeladt. Jeg forstår at oversætteren til engelsk forsøger at fremkalde for læseren den stemning som man ved Bashō var i, en rejselyst, men jeg synes at digtet klarer det ganske godt selv. Grunden til at vi ved nøjagtig hvad Bashōs sindsstemning er i øvrigt at han, som mange andre af datidens poeter, skrev haiku ind i længere prosastykker f.eks. i rejsedagbøger. Bashō har skrevet flere rejsedagbøger hvor han skriver om sine rejser med haiku sat ind undervejs.

Selv har jeg skrevet haiku på japansk nærmest lige siden jeg begyndte at lære sproget. Jeg kan godt lide at skrive digte og jeg kan godt lide at lære nye ord, derfor faldt det mig naturligt at prøve. Uendeligt få af mine digte kan måle sig med en haikumesters, ikke mindst fordi mit ordforråd på japansk nok aldrig bliver lige så stort, men jeg nyder processen. Min lille samling er et forsøg på at skrive haikudigte som fungerer både på japansk og dansk, om jeg lykkes og i så fald hvor ofte, det må være op til læserne at vurdere. Der er dog en stor fordel, at i modsætning til at gætte hvad japanske haikudigtere måske mente eller ikke mente med deres digte, så ved jeg præcis hvad mine digte repræsenterer og derfor også hvad den optimale oversættelse med et 5-7-5 mønster vil være. Digtene står skrevet først på japansk, så fonetisk, og til sidst på dansk. Langt de fleste er skrevet først på japansk og derefter oversat. Egentlig kunne jeg godt bare skrive nogle haiku på dansk, men ved at skrive på japansk holdes jeg fast i den rytme som haiku har på japansk og det tvinger mig til at tilpasse min danske version. Det er en nørdet men underholdende proces. Det sker også tit at min danske version bliver bedre. Jeg tvinges ofte dybt ind i synonymordbøgerne og finder et væld af gode danske ord som nogle gange rammer bedre end mine egne umiddelbare direkte oversættelser. At skrive først på japansk og derefter dansk, og sjældnere omvendt, åbner for nogle kreative formuleringer og ordbrug. Tænk sig hvor meget mere man egentlig kan skabe med sit sprog hvis man sætter begrænsninger på! Det er en lille lingvistisk sejr hver gang det lykkes at bringe samme tanke frem på to så vidt forskellige sprog.

I sidste ende står digtene dog i egen ret. Det håber jeg i hvert fald.

詩家の 詩 は /

わからなくなる /

書きながら

Shika no shi wa /

Wakaranakunaru /

kakinagara

Digteres digte /

Uforståeliggøres /

Mens de skriver dem

年初

Nensho

Årets begyndelse

駆けて風 /

炉のそばで寝る /

忙しい

Kaketekaze /

Ro no Soba de Neru /

Isogashii

Skynder sig den vind /

jeg sover ved kaminen /

det er jeg travl med

海凍る /

浪が静まる /

冬日起き

Umi Kooru /

Nami ga Shizumaru /

Fuyubi Oki

Hav fryser over /

og bølgerne lægger sig /

stå op vinterdag

安らかな /

真冬の黒夜 /

鼠冬眠

Yasurakana /

Mafuyu no Kokuyo /

Nezumi Tōmin

Fredfyldt og rolig /

midvinterens sorte nat /

musen er i hi

雨脚が /

台地にある谷 /

岩を剥く

Ameashi ga /

Daichi ni aru Tani /

Iwa wo Muku

Regnbygerne /

i bjergplateauets kløfter /

skræller kampesten

周りには /

冬の雰囲気 /

樹氷だけ

Mawari ni wa /

Fuyu no Fun'iki /

Juuyou dake

I nabolaget /

er vinterstemning træer /

dækket af frosten

北風や /

冬の声吠え /

サブ心

Kitakaze ya /

Fuyu no Koe Hoe /

Sabu[1] Kokoro

Nordenvinden som /

vinterens stemme hyler /

det kolde hjerte

---

[1] ”*Sabu*” er japansk slang for koldt ”*Samui*,” jeg bruger sjældent slang i mine haiku, men det er meget almindeligt i moderne japanske haiku. Især fordi slang eller såkaldt ”afslappet sprog” tit har færre stavelser på japansk.

緩歩出る /

こげ茶色みち道 /

沙流じゃない

Kanpo deru /

Kogechairo Michi /

Saru jyanai

Ud og gå en tur /

en sti farvet mørkebrun /

er ikke Saru[2]

---

[2] Sarufloden er en flod på den nordlige japanske ø Hokkaido.
Den har ofte brunt vand, særligt i det tidlige forår når sneen
smelter i bjergene.

犬の声 /

冬の日和（ひより）に /

幸せだ

Inu no Koe /

Fuyu no Hiyori ni /

Shiawaseda

Hundenes stemmer /

på en frostklar vinterdag /

mærker man lykken

多年後でも /

小川の笑音 /

覚えまだ

Tanengo demo /

Ogawa no Waraon /

Oboe mada

Mange år efter /

men åens klukkelyde /

husker jeg stadig

小雨ふる /

リレ海峡見て /

彷徨う意

Koamefuru /

Rirekaikyou mite /

Samayou I

Regner en smule /

jeg ser ud på Lillebælt[3] /

med vandrende sind

---

[3] Det er ret nemt at oversætte danske lokalnavne til japansk.
Oftest skriver man tættest muligt på originalsproget f.eks.
"*Doitsu*" for Deutsch, altså Tyskland. "Lille" bliver til "*Rire*"
fordi man ikke har "L"-lyden på japansk og *kaikyou* betyder
"bælt." Der er undtagelser, f.eks. hedder USA på japansk
"*Beikoku,*" hvilket er den japanske udtale af den kinesiske
fonetiske translitteration af "Amerika."

疲れてる /

体は飛行機 /

唸り声

Tsukareteru /

Karada wa Hikouki /

Unarigoe

Jeg er ganske træt /

krop er en flyvemaskine /

knirkende stemme

スノードロップ /

土から出てる /

埋まる雪

Sunoodoruppu[4] /

Tsuchi kara deteru /

Umaru Yuki

Vintergækkerne /

springende op af jorden /

den dækkende sne

---

[4] Den skarpe læser har måske bemærket at "Sunoodoruppu" er
den japanske fonetiske udtale af "snowdrop," som vintergækker
hedder på engelsk. For planter og dyr der ikke er
hjemmehørende i Japan, er det mest almindelige at man bruger
ordet fra det sprog der først introducerede Japan for planten
eller dyret. I dette tilfælde engelsk.

春の霜 /

しばしの間 /

輝く世

Haru no Shimo /

Shibashi no Aida /

Kagayaku Yo

I forårets frost /

i kortvarige stunder /

glitrende verden

裸木々 /

灰色の家 /

雲間ある

Hadaka Kigi /

Haiiro no Ie /

Kumoma aru

Blandt nøgne træer /

Askefarvede huse /

Skyerne deles

安鯨 /

太平洋み巳 /

泉似る

Yasu Kujira /

Taiheiyou Mi /

Izumi niru

De dovne hvaler /

stillehavets slangetegn[5] /

springvand ligner de

---

[5] Slangen "*Mi*" i den østasiatiske astrologi er et dyretegn hvis
indehavere blandt andet siges at nyde ekstraordinær rolighed.

春

Haru

Forår

前触れじゃ /

優しい風が /

春を呼ぶ

Maebure ja /

Yasashii Kaze ga /

Haru wo Yobu

Det er et varsel /

En blid og nænsom vind som /

Kalder på forår

生き返す /

泥よく見れば /

雪解けや

Ikikaesu /

Doro yoku Mireba /

Yukidoke ya

Liv kommer igen /

kigger man på mudderet /

sneen smelter nu

颯颯は /

今育てます /

葉の形

Satsusatsu wa /

Ima Sodatemasu /

Ha no Katachi

Vindens rusken er /

nu ved at opdrage på /

bladenes figur

又冷気 /

雨雲再び /

なんでやねんか

Mata Reiki /

Amagumo Futatabi /

Nandeyanen[6] ka

Det igen kulde /

endnu engang regnskyer /

hvad foregår der

---

[6] "Nandeyanen" er et udtryk almindeligt på Kansai dialekt, som dialekten i Japans andenstørste by, Osaka. Det udtrykker både overraskelse og irritation på en mere direkte måde end det standardjapanske "nandesuka," og det passer derfor perfekt til det omskiftelige danske forårsvejr.

来る曙光 /

目をほそめてる /

あさもやだ

Kuru Shokou /

Me wo Hosometeru /

Asamoyada

Dagslyset kommer /

Jeg kniber øjne sammen /

Mosekonebryg[7]

---

[7] En gang imellem så har vi på dansk et ord som virkelig fanger en naturscene, jeg synes i hvert fald personligt at mosekonebryg er noget mere malerisk end det japanske "asamoya," der egentlig bare betyder "morgendis."

旅命 /

このあや妖しさは /

渡り鳥

Tabi Inochi /

Kono Ayashisa wa /

Wataridori

Det rejsende liv /

denne gådefulde ting /

Er trækfuglene

花祭 /

英明の生み /

お釈迦様

Hanamatsuri/

Eimei no Umi /

O Shakasama

Blomsterfestival /

fødslen af det viseste /

ærede Shakya[8]

---

[8] 花祭, "Hanamatsuri," direkte oversat; blomsterfestivalen, er en festival som afholdes d. 8 april. Hanamatsuri fejrer fødslen af den historiske Buddha, Siddharta Gautama, for over 2500 år siden. Siddharta Gautama er også kendt under navnet "Shakya," efter den ældgamle adelsslægt han var født ind i, således også i Japan hvor hans navn udtales "Shaka."

奈良の散歩 /

葉のように踊る/

鹿の詩家

Nara no Sanpo /

Ha no You ni Odoru /

Shika no Shika[9]

Gåtur i Nara[10] /

dansende som bladene /

hjortenes poet

---

[9] 鹿 Shika "hjort" og 詩家 Shika "Poet" er en af utroligt mange homofoner på japansk. En sikahjort, som den japanske hjort kaldes på dansk, betyder altså egentlig "Hjorthjort."

[10] Nara er en ældgammel by i Japan, hovedsæde for kejsermagten i 700-tallet og meget betydningsfuld både før og efter. Byen er spækket med buddhistiske templer og shinto helligdomme, og tamme sikahjorte vandrer rundt i store dele af den gamle by.

春の夜 /

パイプの煙に /

全消えた

Haru no Yoru /

Paipu no Kemuri ni /

sube kieta

En forårsaften /

i pibens tobaksrøg der /

forsvandt det hele

壮大な花 /

西洋栃の木は /

風触な

Soudaina Hana /

Seiyoutochinoki wa /

Kaze Sawana

Majestætisk blomst /

hestekastanjetræet /

røres ej af vind

嵐一過 /

至る所で /

外囀

Arashi Ikka /

Itarutokoro de /

soto Saezu

En storm kom forbi /

overalt imens udenfor /

var der fuglesang

夜中には /

つぼみが囲んだ /

寺に行った

Yonaka ni wa /

Tsubomi ga Kakonda /

Tera ni Itta

Omkring midnatstid /

blomsterknoppe overalt /

jeg gik til templet

新芽はいつ /

欧洲ブナ木 /

答えなさい

Shinme wa Itsu /

Oushuubunaki /

Kotaenasai

Nye skud hvornår /

europæisk bøgetræ[11] /

du skal svare mig

---

[11] Naturligt nok adskiller man i Japan mellem det hjemmehørende bøgetræ *Fagus Crenata* og så det europæiske bøgetræ *Fagus Sylvatica* som er det vi har i Danmark. Arten *Fagus Crenata* hedder, ikke overraskende, japansk bøgetræ på dansk, så naturligvis kaldes *Fagus Sylvatica* europæisk bøgetræ på japansk.

雲の下 /

広げる香り /

春の雨

Kumo no Moto /

Hirogeru Kaori /

Haru no Ame

Under skyerne /

breder duftene sig ud /

forårets regn

見ない海 /

鴨川遠く /

多かもめ

Minai Umi /

Kamogawa Tooku /

Oo Kamome

Ser ikke havet /

langt væk fra kamo floden[12] /

talrige måger

---

[12] Kamo floden løber igennem Kyoto der var Japans hovedstad fra år 794 til 1869. Navnet betyder direkte oversat "Ande Floden." I stedet for at bugne af "Kamo", ænder, er der faktisk rigtig mange måger "Kamome," som digterjeget mindes.

夏

Natsu

Sommer

こころ心動うご /

テント の 中 に /

鳥の音

Kokoro Ugo /

Tento no Naka ni /

Tori no Oto

Hjertet rører sig /

inde i teltet er der /

fuglenes lyde

箕面滝 /

初夏に虚しい /

厚み穏

Minootaki /

Shoka ni Munashii /

Atsumi Oda

Minoh[13] vandfaldet /

tomt i den årle sommer /

tyk og dyb stilhed

---

[13] **Minoh** er et område nord for Osaka kendt for det smukke
Minoh vandfald. Om efteråret valfarter turister dertil, for at se
de japanske ahorntræers blade skifte farve, men om sommeren
er der meget få mennesker.

雨のため /

部屋に止まる /

外出ない

Ame no tame /

Heya ni Todomaru /

Soto denai

På grund af regnen /

bliver jeg på værelset /

kommer ikke ud

雨あがる /

日の光つづ続 /

騒カッコウ

Ame agaru /

Hi no Hikari Tsuzu /

sawa kakkou[14]

Regner ophører /

solens lys skinner fortsat /

gøgene støjer

---

[14] Gøg på japansk, "*kakkou*," er som på engelsk (*cuckoo*),
opkaldt efter det karakteristiske kald. Det er altid sjovt at
udforske hvordan dyrelyde er på andre sprog, og japansk har
mange som er pudsige for en dansker – f.eks. siger en frø
"*gerogero*" og en gris "*bu- bu-*" ifølge japanerne.

光夏 /

不安消してよ /

喜ばす

Hikari Natsu /

Fuan Keshiteyo /

Yorokobasu

Lysende sommer /

fjerner ængsteligheden /

tilfredsstiller os

かまわない /

豪雨降られる /

夏香り

Kamawanai /

Gouu Furareru /

Natsu Kaori

Betyder intet /

fanget ude i skybrud /

sommerens dufte

深夜の中 /

夏の雨来る /

急涙

Shinya no Naka /

Natsu no Ame Kuru /

Kyuu Namida

Sent ud på natten /

sommerregnen som kommer /

med bratte tårer

眠れない /

未明の町は /

夢遊病

Nemurenai /

Mimei no machi wa /

Muyuubyou

Kan ikke sove /

byen ved daggryet er /

som gik den søvngang

ムクドリ歌 /

夏風が吹く /

スイカズラ

Mukudorika /

Natsukaze ga fuku /

Suikazura

Stærefuglesang /

Sommervinden over mig /

Gedebladsduft

早熱波 /

死ぬクレマチス /

試みた

Haya Neppa /

Shinu Kuremachisu /

Kokoromita

Tidligt hedeslag /

den døende klematis /

jeg prøvede dog

山登り /

竹森の音 /

心治

Yamanobori /

Takemori no Oto /

Kokoro Nao

Vandrer i bjerget /

bambusskovens lydtapet /

heler min sjæl

滴って /

苔むすの森 /

神夢想

Shitatatte /

Kokemusu no Mori /

Kami Musou

Drypper herinde /

i den mosdækkede skov /

i gudernes drøm[15]

---

[15] Det er værd at bemærke at det japanske ord "kami" ikke betyder guder i moderne vestlig forstand, men også inkluderer andre overjordiske væsener og ånder, lidt ligesom de oldnordiske jætter, elvere, dværge osv. Væsnerne i den kendte Miyazaki-film "Chihiro og Heksene" er f.eks. "kami'er."

霧囲め /

雨の止み前に /

紐結ぶ

Kiri Kakome /

Ame no Yamima ni /

Himo Musubu

Tågeindhyllet /

i et ophold fra regnen /

binder snørebånd

疲れ足 /

崖に休んで /

上がり降り

Tsukare Ashi /

Gake ni Yasunde /

Agariori

De trætte fødder /

jeg hviler ud på klippen /

kravler op og ned

原を越す /

高原感じ /

羊見る

Hara wo Kosu /

Kougen Kanji /

Hitsuji Miru

Går over vidden /

følelsen af plateauet /

kiggende på får

夏の末

Natsu no Sue

Sensommeren

水踊り /

陽射しが強い /

あま香る

Mizu odori /

Hizashi ga Tsuyoi /

Ama[16] Kaoru

Vandet dansende /

Solens stråler skinner skarpt /

sødligt duftende

---

[16] Ordet for sød på Japansk, 甘 (あま), som læses "*Ama*" deler
ordlyd med både ordet for buddhistisk nonne 尼 og en alternativ
læsning af tegnet for hav, 海. Det er altså et slags ordspil på tre
niveauer. Vandet der omtales i første linje, kan altså referere til
både et hav eller en nonne, som ofte dufter sødligt af den røgelse
man bruger i buddhistiske templer. Derfor kunne sidste linje
også læses som enten "duftende af hav" eller "nonne-duftende,"
3 digte for 1 digts pris.

草の上 /

蛇がよぎってる /

炎天下夢中

Kusa no Ue /

Hebi Ga Yogitteru /

Entenka Muchuu

Oven på græsset /

er en slange kravlende /

skør under hed sol

聞こえてた / 居場所囲んだ /

夏の音 / 葉風と羽風 /

悩み捨て置く

Kikoeteta / Ibasho Kakonda /

Natsu no Oto / Hakaze to Hakaze /

Nayami Suteoku

Lyttede til det / omringede hvor jeg var /

sommerens lyde / blad og vinger i vinden /

smider bekymringer væk[17]

---

[17] Dette digt er ikke et haiku, men derimod et *tanka-digt*,
forløberen for haiku. Et tanka består af fem verselinjer 5-7-5 og
7-7. De sidste to verselinjer gerne med reference (enten direkte
eller indirekte) til de første tre strofer.

不思議がる /

赤晩に照る /

森の枝

Fushigigaru /

Akaban ni Teru /

Mori no Eda

Kigger nysgerrigt /

skinner i aftenrøden /

skovenes grene

空を飛ぶ /

空気の静かさ /

心浮き

Sora wo Tobu /

Kuuki no Shizukasa /

Kokoro Uki

Flyver i skyen /

stilheden der er i luft /

hjertet flydende

暖気のに /

永遠祝う /

七夕へ

Danki no ni /

Eien Iwau /

Tanabata e

På trods af varmen /

for at fejre evighed /

til Tanabata[18]

---

[18] 七夕, Tanabata, er en festival der fejrer sagnet om Hikoboshi og Orihime. På denne dag, der som regel falder i August, mødes de to stjerner Vega og Altair på himmelen. Ifølge et kinesisk sagn er stjernerne faktisk guderne Orihime "væverprinsessen" og Hikoboshi "kohyrden" som blev adskilt af himmelguden Tentei, fordi deres kærlighed fik dem til at glemme deres arbejde. Men Orihime, Tentei's datter, blev så utrøstelig over adskillelsen at han forbarmede sig, og lader dem mødes denne ene gang om året.

歴史には /

世界広げる /

記憶咲く

Rekishi ni wa /

Sekai Hirogeru /

Kioku Saku

I historien /

udfoldes denne verden /

og minder blomstrer

知らなかった /

子供の時に /

滝の余情

Shiranakatta /

Kodomo no toki ni /

Taki no Yojou

Kendte det ikke /

dengang i min barndomstid /

vandfaldets indtryk

初落ち葉 /

いかにも万事 /

落ち不可避

Hatsu Ochiba /

Ikanimo Banji mo /

Ochi Fukahi

De første blade /

falder ligesom alting /

uundgåeligt

湖で /

啄木鳥を見る /

満ち足りる

Mizuumi de /

Kitsutsuki wo Miru /

Michitariru

Ved søens bredder /

ser jeg på spættefuglen /

det gør mig tilfreds

暮れは早 /

香りにはまだ /

咲いた花

Kure wa Haya /

Kaori ni wa mada /

Saita Hana

Tidlig solnedgang /

I duften er der stadig /

blomstrede blomster

秋

Aki

Efterår

光玉 /

人生通しお願い /

地蔵の保護

Hikaritama[19] /

Jinsei Toushi Onegai /

Jizou no Hogo

Lysende kugle /

Hele livet ønsker jeg /

Jizos hjælp og værn

---

[19] Hikaritama "Lysende Kugle" er navnet på en lille helligdom
der ligger i Ikuno langs Ima-floden. Helligdommen har en statue
af en bodhisattva, som på Japansk hedder Jizō. En bodhisattva er
en person, der har viet sig til at hjælpe alle væsner med at opnå
den fulde oplysning (nirvana) efter sin egen oplysning. Jizō er
en elsket bodhisattva i Japan, især kendt som de rejsende og
børnenes beskytter.

起こす気合 /

移入種の竹 /

決戦入る

Okosu Kiai /

Inyuushu no Take /

Kessen Hairu

Stigende kampgejst /

den invasive bambus /

sidste store kamp

人来るよ /

だんじり祭り /

活気踊り

Hito kuruyo /

Danjiri Matsuri /

Kakki Odori

Folkene kommer /

Danjiri[20] festivalen /

Energiske dans

---

[20] De japanske *Danjiri* er smukt dekorerede hjul-trukne "skrin" eller helligdomme, som bruges lokalt forskellige steder rundtom i Japan, særligt til festivaler.

穏やか /

秋晴れの朝 /

佳日なる

Odayaka /

Akibare no Asa /

Kajitsu Naru

En rolig morgen /

en efterårsklar himmel /

en lovende dag

湖に /

隠れて魚 /

鷺は立つ

Mizuumi ni /

Kakurete Sakana /

Sagi wa Tatsu

Ude i søen /

Skjuler fiskene sig fra /

Hejren stående

深い霧 /

秋来たはずだ /

彼女出た

Fukai Kiri /

Aki Kita Hazu da /

Kanojo Deta

Dyb og tung tåge /

lader til at efterår kom /

og hun tog afsted

枯野から /

ガチョウ飛び去る /

また今度

Kareno kara /

Gachou Tobisaru /

mata Kondo

Fra øde marker /

gæssene flyver afsted /

vi ses næste gang

客船は / ゆらゆら走る /

天の川 / わずかに見える /

隅田の夜明け

Kyakusen wa / yurayura Hashiru /

Amanogawa[21] / Wazuka ni Mieru /

Sumida no Yoake

En passagerbåd / sejler vuggende afsted /

og mælkevejen / kan jeg skimte deroppe /

morgengry ved Sumida[22]

---

[21] "Amanogawa" direkte oversat "himmelfloden," er det japanske ord for mælkevejen - ærligt talt et noget flottere navn for vores galakse.

[22] Sumida floden, 隅田川, er en flod der løber igennem det centrale Tokyo, nær et af de mest besøgte steder i byen, Sensoji-templet med dets enorme indgangsport. På trods af den centrale lokation skal man ikke langt væk ned langs flodens bredder, før der er ganske fredfyldt.

町の中 /

刈り田一枚 /

遅帰り

Machi no Naka /

Karita Ichimai /

Osokaeri

Midt i byen /

en enkelt høstet rismark /

langsomt tilbage[23]

---

[23] Det er ikke ualmindeligt at støde på rismarker og andre dyrkede arealer inde mellem husene i japanske byer, også i større byer i Japan. På grund af det hastigt dalende befolkningstal i Japan, er der også så småt begyndt at være tomme huse som købes, rives ned og erstattes af små marker med forskellige afgrøder.

暇がない /

念じるしかない /

紅葉狩り

Hima ga nai /

Nenjiru shikanai /

Momijigari

Har ingen fritid /

kan kun bede om at se /

ahornens farver[24]

_____

[24] 紅葉狩り ”Momijigari,” bogstaveligt; ahorntræsjagt el.
rødbladsjagt, er en udflugt for at se bladene på den japanske
ahorn, der skifter fra grøn til en meget smuk rød i løbet af
efteråret. Momijigari er en yndet efterårsbeskæftigelse i Japan.
Hvis man vel og mærke har tid til den slags, for i Japan har
fuldtidsarbejdende meget begrænset fritid.

白い崖 /

船から見える /

潜カワウ

Shiroi Gake /

Fune kara mieru /

Mogu Kawau /

De hvide klinter /

Ude fra bådene ses /

Dykkende skarver

雀たち /

藪に雑魚寝か /

雨宿り

Suzumetachi /

Yabu ni Zakoneka /

Amayadori

I spurvefugle /

sover I tæt i busken?[25] /

beskyttet fra regn

---

[25] På Japansk har man ikke spørgsmålstegn, i stedet fungerer tegnet か "ka" påsat bag et ord som spørgsmålsmarkør.

照葉なお /

木々に縋って /

祝福や

Teriha nao /

Kigi ni Sugatte /

Shukufuku ya

Glinsende blade /

hænger stadig på træer /

det vil jeg fejre

歳末

Saimatsu

Slutningen af året

毎夜前 /

一つ考える /

霜降るか

Maiyo mae /

hitotsu kangaeru /

Shimo furuka

Før alle nætter /

tænker jeg kun på en ting /

falder frost i nat?

輝いて /

光る星似る/

新雪降る

Kagayaite /

Hikaru Hoshi Niru /

Shinsetsu Furu

Glitrer og glimter /

ligner skinnende stjerner /

ny sne faldende

真昼での / 鴎の戻り /

見守るや / 遠く黒雲 /

遥かに嵐

Mahiru de no / Kamome no Modori /

Mimamoruya / Tooku Kurokumo /

Haruka ni Arashi

Ved højlys dag er / mågerne vendt om mod land

/ jeg ser intenst på / de sorte skyer langt væk /

storm i det fjerne[26]

---

[26] Endnu et tanka, hvor linjerne er 5-7-5 og efterfølgende 7-7.

鳥の歌 /

曇りに消える /

細雪

Tori no Uta /

Kemuri ni Kieru /

Sasameyuki

Fuglenes sange /

forsvinder i skyerne /

små snefnug falder

町徐行 /

雪は広げる /

暗い空

Machi Jokou /

Yuki wa Hirogeru /

Kurai Sora

Langsomt i byen /

Sneen ligger spredt under /

De sorte skyer

早く飛ぶ /

渡り鳥たち /

既に雪

Hayaku Tobu /

Wataridoritachi /

Sudeni Yuki

Skynd jer at flyve /

trækfugle allesammen /

pludselig sner det

どこでもは /

夏の思い出す /

トンボの飛び

Dokodemo wa /

Natsu no Omoidasu /

Tonbo no tobi

Ligegyldigt hvor /

sommerminder kommer af /

guldsmeds vingeslag

甘いもの /

心温め /

この時に

Amaimono /

Kokoro Atatame /

Kono Toki ni

De søde sager /

giver varme om hjertet /

nu på denne tid

黒鳥め /

雪が敷きます /

早く飛ぶ

Kurotori me /

Yuki ga Shikimasu /

Hayaku Tobu

Du sorte fugl der /

sneen ligger overalt /

skynd dig at flyve

闇夜には /

遠く見える星 /

冬誘致

Yamiyo ni wa /

Touku Mieru Hoshi /

Fuyu Yuuchi

I den mørke nat /

langt borte ses stjernerne /

dragende vinter

強風だ /

西から吹いて /

港探す

Kyoufuuda /

Nishi kara Fuite /

Kou Sagasu

Det er stærk kuling

Blæser indover fra vest

Søger efter havn

映り樅 /

月明の色 /

思索する

Utsuri Momi /

Getsumei no Iro /

Shisakusuru

Spejles i fyrren[27] /

måneskinnets farvespil /

tankevækkende

---

[27] **Momi,** 樅, Japansk Fyrretræ (Abies Firma).

詩のためだ /

えんびつに書いた /

だから書く

Shi no Tame da /

Enbitsu ni Kaita /

dakara Kaku

For digtenes skyld /

stod skrevet på min blyant /

derfor skriver jeg

ご精読心より

ありがとうございます

Goseidoku Kokoroyori

Arigatougozaimasu

For din læsning, af hjertet,

tusind tak

土雷矢ビャーケ

Bjarke Drejer